Alegria de Viver

MENSAGENS PARA TODO O DIA

Volume 2

Noemi Dariva, fsp • Raquel Novaes (Orgs.)

Alegria de Viver

MENSAGENS PARA TODO O DIA

Volume 2

Programas radiofônicos

Dados Internacionais de Catalogação na Publicação (CIP)
(Câmara Brasileira do Livro, SP, Brasil)

Alegria de viver, vol. 2 : mensagens para todo o dia : programas radiofônicos / Noemi Dariva e Raquel Novaes (organizadoras). – São Paulo : Paulinas, 2008. – (Coleção amor e amor ; 2)

Inclui CD.
ISBN 978-85-356-2288-1

1. Alegria de viver - Mensagens para todo o dia (Programa de rádio) 2. Rádio - Programas - São Paulo (SP) I. Dariva, Noemi. II. Novaes, Raquel. III. Série

08-05302   CDD-791.44720981611

Índice para catálogo sistemático:

1. Alegria de viver : Mensagens para todo o dia : Programa de rádio : São Paulo, SP   791.44720981611

1ª edição

Ficha técnica – Livro

Direção-geral: *Flávia Reginatto*
Editora responsável: *Noemi Dariva*
Assistente administrativa: *Raquel Novaes*
Revisão: *Leonilda Menossi*
Direção de arte: *Irma Cipriani*
Gerente de produção: *Felício Calegaro Neto*
Capa e editoração: *Manuel Rebelato Miramontes*

Ficha técnica – CD

Produção fonográfica: *Paulinas-COMEP*
Coordenação de produção: *Eliane De Prá*
Locuções: *Gilson Dutra Gil e Maria Rita Kfouri*
Gravação: *Silvano Cunha*
Assistente de estúdio: *Vanderlei Pena*
Mixagem: *Alexandre Soares*
Masterização: *Betho Ieesus – Sun Trip*

Nenhuma parte desta obra poderá ser reproduzida ou transmitida por qualquer forma e/ou quaisquer meios (eletrônico ou mecânico, incluindo fotocópia e gravação) ou arquivada em qualquer sistema ou banco de dados sem permissão escrita da Editora. Direitos reservados.

Paulinas Editora
Rua Pedro de Toledo, 164
04039-000 – São Paulo – SP (Brasil)
Tel.: (11) 2125-3549 – Fax: (11) 2125-3548
http://www.paulinas.org.br – editora@paulinas.com.br
Telemarketing e SAC: 0800-7010081

© Pia Sociedade Filhas de São Paulo –
São Paulo, 2008

Paulinas Rádio
Instituto Alberione
Rua Pedro de Toledo, 164 – 7º andar
04039-000 – São Paulo – SP (Brasil)
Tel.: (11) 2125-3595 – Fax: (11) 2125-3506
e-mail: radio@paulinas.com.br

Sumário

Apresentação 7

Amar é difícil – CD faixa 1 1'59" (horário livre) 9

Morte de Deus, dor no mundo – CD faixa 2 1'50" (sexta-feira santa) 10

Renascer das cinzas – CD faixa 3 1'55" (sexta-feira santa) 11

Oração pelos filhos – CD faixa 4 1'53" (horário livre) 12

Senhor, derrama a tua bênção – CD faixa 5 1'40" (horário livre) 13

Prece ao pé da lareira – CD faixa 6 2'18" (horário livre) 14

Alegria para todos os que estão tristes – CD faixa 7 1'44"

(horário livre) 15

Acenda uma luz, com Maria! – CD faixa 8 1'41" (horário livre) 16

Oração a Nossa Senhora – CD faixa 9 1'30" (Nossa Senhora) 17

Maria, Mãe – CD faixa 10 2'19" (Nossa Senhora) 18

Vem me visitar, Maria! – CD faixa 11 1'49" (Nossa Senhora) 19

Prece pelas mães – CD faixa 12 1'38" (dia das mães) 20

Só para mulheres fenomenais – CD faixa 13 1'27" (dia das mulheres) 21

Pão da vida – CD faixa 14 1'44" (horário livre) 22

Creio – CD faixa 15 1'15" (horário livre) 23

A ti, meu pai! – CD faixa 16 2'35" (dia dos pais) 24

Cantiga à vida – CD faixa 17 1'56" (horário livre) 25

Na doença – CD faixa 18 1'29" (horário livre) 26

Obrigado, Senhor! – CD faixa 19 1'24" (horário livre) 27

Prece pelos namorados – CD faixa 20 1'26 (dia dos namorados) 28

Oração do anoitecer – CD faixa 21 1'31" (noite) 29

Oração da manhã – CD faixa 22 1'48" (manhã) 30

Contemplar o universo! – CD faixa 23 1'25" (horário livre) 31

Aos jovens – CD faixa 24 1'51" (horário livre) 32

Ao professor, com carinho! – CD faixa 25 1'28" (dia do professor) 33

Rezar é pensar em Deus, amando-o – CD faixa 26 1'18" (horário livre) 34

Aniversário – CD faixa 27 1'03" (aniversário) 35

Nas contas do Rosário – CD faixa 28 1'54" (horário livre) 36

Em tuas mãos – CD faixa 29 1'33" (noite) 37

Senhor, preciso de ti! – CD faixa 30 1'48" (horário livre) 38

Esperando Jesus – CD faixa 31 1'07" (horário livre) 39

Passa de mim teu cálice, Senhor! – CD faixa 32 1'52" (horário livre) 40

O Senhor me fez maravilhoso! – CD faixa 33 1'40" (horário livre) 41

Mãe Terra – CD faixa 34 2'05 (horário livre) 42

Prece confiante – CD faixa 35 1'37" (horário livre) 43

Elegia das mães – CD faixa 36 2'04" (horário livre) 44

Neste Natal – CD faixa 37 1'54" (Natal) 45

Acontece o Natal – CD faixa 38 1'47" (Natal) 46

Natal, festa da alegria – CD faixa 39 1'36" (Natal) 47

Oração de Ano Novo – CD faixa 40 1'44" (Ano Novo) 48

Créditos dos textos 49

Créditos das músicas 53

Apresentação

A experiência do sucesso de *Alegria de viver: mensagens para todo o dia* – vol. 1, lançado há pouco mais de um ano, em formato de livro e CD, e as solicitações de leitores, locutores e ouvintes desses programas radiofônicos, nos incentivaram a buscar outros poetas e outros escritores que nos brindaram com excelentes textos que, embora breves, levam a profundas reflexões. Surgiu então o *Alegria de viver: mensagens para todo o dia* – vol. 2.

Sabemos que o maior desafio da rádio é veicular mensagens diárias, pensadas para o sentimento e o coração do ouvinte. "Paulinas Rádio", que tem por missão específica anunciar o Reino de Deus e comunicar os valores humanos e cristãos, preocupa-se em dar àqueles que desejam melhorar sua qualidade de vida "pequenas gotas" de alegria, otimismo e esperança, para que possam enfrentar com serenidade as dificuldades do dia-a-dia. Estamos conscientes de que as pessoas de hoje precisam de paz. Quem vive em paz vive mais tempo, e nada, senão nós mesmos, pode nos trazer a paz! Mas para gozarmos dessa paz, precisamos procurar os meios! Eis, então, que colocamos em suas mãos o segundo volume de *Alegria de viver: mensagens para todo o dia* – programas radiofônicos, em formato de livro/CD, contendo 40 textos, de vários autores.

São mensagens que podem ir ao ar ou serem lidas e ouvidas nos vários horários durante o dia, à noite, no carro, em diversas circunstâncias ou datas especiais, conforme a indicação de cada uma; ou ainda, para início de uma oração ou de um encontro bíblico.

Estamos convencidas de que qualquer coração pode ser tocado por algum destes textos, levando a atitudes que provoquem mudanças tanto no indivíduo como na família e na sociedade.

Noemi Dariva, fsp.

Amar é díficil

(Horário Livre – Faixa 1)

Fundo Musical: Suave cantiga – Faixa 6 (BRCMP0800113), do CD *Peregrinações* – Antonio Durán.

(Sugestão: Voz masculina)

Se amar fosse fácil, não haveria tanta gente amando mal nem tanta gente mal-amada.

Se amar fosse fácil, não haveria fome, guerras, violência, nem gente sem sobrenome.

Se amar fosse fácil, não haveria crianças nas ruas, solitárias, nem haveria orfanatos, porque as famílias serenas adotariam mais filhos. Não haveria filhos mal concebidos, nem esposas mal-amadas; nem cafetões, nem prostitutas. E ninguém negaria o que jurou num altar. Não haveria divórcio nem desquite.

Se amar fosse tão fácil, não haveria assaltantes; e as mulheres gestantes não tirariam seu feto. Não haveria assassinos, nem preços exorbitantes, nem os que ganham demais e os que ganham de menos.

Se amar fosse tão fácil, não haveria soldados para defender-nos, pois ninguém agrediria. No máximo, ajudariam no combate ao cão feroz.

Mas o amor é sentimento que depende de um "eu quero", seguido de um "eu espero". E a vontade é rebelde; o homem, um egoísta que maximiza seu "eu"... Por isso, o amor é difícil.

Jesus Cristo não estava brincando quando nos mandou amar. Ao morrer amando, deu-nos a suprema lição do amor humilde.

Não se ama por ser fácil, ama-se porque é preciso!

Texto de Pe. Zezinho, scj.

Morte de Deus, dor no mundo

(Sexta-Feira Santa – Faixa 2)

Fundo Musical: O anjo que me guarda – Faixa 1 (BRCMP0800114), do CD *Na presença dos anjos 3* – Antonio Durán.

(Sugestão: Voz feminina)

Faz silêncio...

As vozes silenciaram como se o mundo enlutasse num momento...

Todo o universo se entristece fervorosamente revelando a amargura da morte, que maltrata nossa gente.

Os pássaros não cantam, ficaram emudecidos como se seu canto agredisse nosso luto...

Toda a natureza se calou no mesmo instante sentindo a tristeza da cruz, que é lancinante.

Os ventos não sopram, estancaram suas danças. Como se as montanhas impedissem sua cantiga.

Todos os campos se desencantam sem beleza ecoando a agonia do calvário, que emana a tristeza.

Anoitece em plena luz, o sol perde seu brilho como se esfriassem todos os raios de seu calor...

Todos os caminhos se escurecem sem alegria retratando a dor das lágrimas, que revela a agonia...

Tão grande silêncio, nem mesmo cantos de tristeza!

Tantas montanhas e campinas maltratadas sem beleza, elevando as lágrimas do povo buscando libertação, esperando a manhã ensolarada da ressurreição.

Texto de Pe. Antonio S. Bogaz

Renascer das Cinzas

(Sexta-Feira Santa – Faixa 3)

Fundo Musical: Vinde Espírito Santo (Walmir Alencar) – Faixa 1 (BRCMP0800115), do CD *Marquinho & Gilbert interpretam Vida Reluz*.

(Sugestão: Voz masculina)

Vivemos um momento muito especial em nossa vida cristã. Celebramos a solidariedade de Deus, que se fez presente em nossa vida, tornando-se um companheiro de nossa caminhada. Deus se torna parceiro de nossas vidas, nascendo por nós no Natal e vivendo como nós todos os dias de sua vida.

Hoje celebramos a plenitude desta doação divina: Deus se faz tão gente como nós e vive nossos dramas mais profundos. Viveu o drama da tristeza e da dor, na cruz e no calvário. Sofreu o drama da solidão e do abandono, no silêncio e na tristeza da escuridão do universo.

Mais ainda, muito mais, pois Deus morreu como nossos antepassados morreram, e nós, um dia, faremos nossa passagem. Deus, em Jesus Cristo, aceitou a morte por nós, desceu à mansão dos mortos conosco.

Hoje é o dia de celebrarmos o sofrimento humano e a solidariedade de Deus. Cristo participa de nossa história na dor e no sofrimento. Nós comungamos sua presença em nossas vidas, na esperança de partilharmos de sua ressurreição. E somos motivados a acreditar que nossas dores e sofrimentos serão vencidos e seremos coroados pela alegria e pela vitória da ressurreição.

Texto de Pe. Antonio S. Bogaz

Oração pelos filhos

(Horário livre – Faixa 4)

Fundo Musical: Abraço de Pai – Faixa 2 (BRCMP0800116), do CD *Marquinho & Gilbert interpretam Walmir Alencar.*

(Sugestão: Voz feminina)

Senhor, dá-nos a alegria de agradecer-te por qualquer coisa que acontece na vida da nossa família.

Senhor, dá-nos a alegria de saber esperar com paciência e com certeza de que tu te manifestas, no momento certo e com as pessoas certas, na vida dos nossos filhos.

Senhor, dá-nos a alegria de crer com certeza que a tua mão sustenta-os com amor e com doce atenção.

Senhor, livra-nos das angústias que nos mantêm acordados à noite, e dos medos que se abatem repentinamente sobre nós de dia, e ajuda-nos a pronunciar as palavras corretas: "Confio a ti meu filho, minha filha: protege-os com coração de mãe e com olhos de pai!".

Senhor, livra-nos do medo que temos pelas suas frágeis vidas, pelas emboscadas, ciladas e armadilhas que podem capturá-los, e faze-nos entender que não serão frágeis se os colocarmos na palma de tuas mãos.

Eis, Senhor, das nossas mãos às tuas mãos, as vidas lindíssimas dos nossos filhos muito amados: acompanha-os, tu mesmo, no seu caminho de fé, de esperança e de amor.

Texto de Giuliana Martirani

Senhor, derrama a tua bênção

(Horário livre – Faixa 5)

Fundo Musical: Se a gente crê – Faixa 13 (BRCMP0800117), do CD *16 Melodias:Instrumental* – Pe. Zezinho, scj.

(Sugestão: Voz masculina)

Senhor e Pai, fonte e origem de toda bênção: concede a todos a tua graça, derrama sobre todos as tuas bênçãos, guarda a todos sãos e salvos, todos os dias deste ano.

Senhor, conserva a todos íntegros na fé, pacientes na esperança, perseverantes, até o fim, na caridade fraterna.

Dispõe em tua paz atos, decisões, indecisões, luzes, ideais, sempre atendendo suas preces e, através do tempo, conduze a todos para a eternidade.

Senhor e Pai, faze-nos viver com coragem. Ensina-nos a ouvir nosso "íntimo" para que possamos crescer na sabedoria de acolher a inspiração e a vida que vem de teu Espírito.

Manifesta, Senhor, a todos nós a tua grandeza escondida na pequenez do dia-a-dia vivido no amor, na graça, na paz, na alegria, na imensa paciência de conquistarmos, palmo a palmo, a liberdade.

A bênção de nosso Deus, Deus de ternura e bondade, penetre o coração de cada um e de cada uma de vocês, marcando-o com sua paz. Amém!

Texto de Nereu de Castro Teixeira

Prece ao pé da lareira

(Horário livre – Faixa 6)

Fundo Musical: Caminhos interiores – Faixa 2 (BRCMP0800118), do CD *Caminhos Interiores* – Antonio Durán.

(Sugestão: Voz feminina)

Deus Pai e nosso Senhor, que de tudo és criador. Que criaste o universo e também cada pessoa. Que criaste pais e filhos, e os criaste para o amor.

Deus Pai e nosso Senhor, que criaste a mente humana e puseste sentimentos no homem e na mulher, e que a todos iluminas com a tua imensa luz, escuta esta nossa prece feita em nome de Jesus!

Eis aqui a nossa família, orando e pedindo luz, orando e pedindo bênção em nome do teu Jesus, para as horas de sucesso e para as horas de cruz. Porque às vezes pecamos, vimos pedir perdão. Pelo muito que ganhamos, tens a nossa gratidão. Porque és maravilhoso, vimos te enaltecer; e pelo irmão que precisa, vimos interceder.

Nossa família é imperfeita, temos muito o que aprender. Mas de amor ela foi feita, no amor queremos crescer.

Que sejamos um para o outro certeza de mais ternura; que a fonte da nossa casa seja cada vez mais pura. Que saibamos viver juntos, respeitosos e amorosos. Pais e filhos educados, serenos e esperançosos.

Escuta esta nossa prece, Pai do universo e da luz, Pai de todas as pessoas e Pai do Senhor Jesus. Ele é teu Filho querido e o nosso melhor irmão. Pedimos, em nome dele, tua graça e teu perdão.

Porque nos amas e chamas, e conosco ainda te importas, a família reunida te abre todas as portas...

Texto de Pe. Zezinho, scj.

Alegria para todos que estão tristes

(Horário Livre – Faixa 7)

Fundo Musical: Doce Abandono – Faixa 13 (BRCMP0800119), do CD *18 Melodias: Instrumental* – Pe. Zezinho, scj.

(Sugestão: Voz masculina)

Jesus, ninguém gosta de estar triste.

Eu, se pudesse, evitaria a tristeza.

Mesmo assim, às vezes, me entristeço. Quando não sou compreendido, quando estou sofrendo de solidão, então brota em mim a melancolia.

Não sei por que chamas felizes justamente os que estão tristes. Mas, talvez, justamente as pessoas que conseguem assumir sua tristeza sejam capazes de experimentar uma alegria verdadeira. Quem quer estar sempre indiferente também não pode sentir verdadeiramente a alegria.

Parece que tristeza e alegria fazem parte da minha vida. Ambas dão sabor a ela.

Quando me permito curtir minha tristeza, do mesmo modo posso sentir que estou vivo. Posso entrar em contato com a profundeza da minha alma. Afinal, a vida não é somente superfície. Vislumbro o segredo da minha vida.

A tristeza por solidão, pela perda de uma pessoa querida, por chances perdidas abre-me para aquilo que realmente sustenta a vida. E ali percebo que és o fundamento último sobre o qual posso construir minha existência.

Transforma minha tristeza em alegria. Em uma alegria que nem a vida triste de cada dia pode destruir.

Texto de Anselm Grün

Acenda uma luz, com Maria!

(Nossa Senhora – Faixa 8)

Fundo Musical: W. Amadeus Mozart (Andante) – Faixa 9 (BRCMP0800120), do CD *Um Toque Feminino* – Norma Holtzer Rodrigues e Mariana Thaís Secondo.

(Sugestão: Voz feminina)

Novos tempos se anunciam. Tempo de nova vida, tempo de vencer a cruz. Com Maria na manjedoura, vença as dores, acenda uma luz.

Novas estradas se abrem. Rumos de nova história, lutas para lutar contra a dor. Com Maria no pacto da Aliança, vença a adversidade, desperte o amor.

Novos destinos se escrevem. Traços de novos capítulos, borrador de apagar a maldade.

Com Maria, aos pés da cruz, vença os desafetos, promova a bondade.

Novos rumos se descortinam. Paisagens de novos horizontes, cenários de novas saídas.

Com Maria, no coração, vença as malícias, invista na vida.

Novas esperanças se elevam. Sentimentos de novos amores, sentimentos para vencer a amargura.

Com Maria, em nossa vida, vença as tristezas, cultiva a ternura.

Texto de Pe. Antonio S. Bogaz

Oração a Nossa Senhora

(Nossa Senhora – Faixa 9)

Fundo Musical: Utopia (Zé Vicente) – Faixa 1 (BRCMP0800121), do CD *Luzes no caminho*.

(Sugestão: Voz masculina)

Ó Maria, tu és bendita entre todas as mulheres, tu que acreditaste!

O poderoso fez maravilhas por ti!

A maravilha de tua maternidade divina e, em vista dela, a maravilha de teu "sim".

Tu foste verdadeiramente associada a toda a obra de nossa redenção, unida à cruz de nosso Salvador.

Teu coração foi transpassado ao lado do Coração dele.

E agora, na glória de teu Filho, não cessas de interceder por nós, pobres pecadores.

Tu velas sobre a Igreja, da qual és Mãe.

Velas sobre cada um dos teus filhos e filhas.

Obténs de Deus, para nós, todas as graças, com a única condição de que ousemos pedi-las, e nos aproximemos de ti com confiança, com audácia e simplicidade de criança.

É assim que tu nos levas sem cessar ao teu divino Filho...

Ó Maria! Eu te pertenço totalmente!

Texto do papa João Paulo II

Maria, mãe

(Nossa Senhora – Faixa 10)

Fundo Musical: O anjo que me acompanha – Faixa 2 (BRCMP0800122), do CD *Na presença dos anjos 3* – Antonio Durán.

(Sugestão: Voz feminina)

Maria, mãe de todas as mães, mãe de Deus e mãe de todos nós, ensina-nos o teu jeito de amar: Tu que, no silêncio de teu ser, geraste a Vida das vidas, Jesus, o Filho de Deus. E que, no santuário de teu útero de mãe, preparaste o berço para o teu menino!

Foi assim que, durante nove meses, enquanto tecias as vestes para o teu Filho, vivias na contemplação do mistério de Deus no teu mundo interior; mistério pleno de fecundidade, maravilha e dom da maternidade.

Maria, mãe! Quantos segredos guardaste, quantas descobertas fizeste, quantas comunicações recebeste, na intimidade de mãe e filho!

Naqueles dias que marcaram tua gravidez abençoada, percebeste ainda que teu corpo de mulher, por um processo biológico, se transformava! Que todas as tuas reações e funções vitais se voltavam para a criança, que geravas no teu ser virginal e de mãe! Então, te abismavas nela que, dentro de ti, pulava feliz, celebrando a vida!

E deste à luz o teu menino que acolheste em teus braços como a realização de um sonho de mãe.

E desde então, Maria, te tornaste para o mundo o ícone da mulher e da mãe, mensagem de amor e de ternura para todas as mães, no hoje de tantas especulações sobre a vida.

Texto de Patrícia Silva, fsp.

Vem me visitar, Maria!

(Nossa Senhora – Faixa 11)

Fundo Musical: Franz Schubert (Serenata) – Faixa 12 (BRCMP0800123), do CD *Um Toque Feminino* – Norma Holtzer Rodrigues e Mariana Thaís Secondo.

(Sugestão: Voz masculina)

Ando sozinho, um tanto desterrado, na noite escura, num céu apagado...

Vem me visitar, Maria, companheira dos solitários!

Traze-me teus abraços solidários!

Sorrio sozinho, um tanto entristecido na solidão, acabrunhado, num templo esquecido...

Vem me visitar, Maria, socorro dos abandonados!

Alegra-me com teu olhar agraciado!

Rezo sozinho, um tanto paganizado na aspereza amarga, num salmo disritmado...

Vem me visitar, Maria, certeza dos enganados!

Ilumina-me com teus oráculos mais elevados!

Labuto sozinho, um tanto enfraquecido, nos desafios grandiosos, num universo desencantado...

Vem me visitar, Maria, sustento dos fragilizados!

Fortalece-me com teus dons divinizados!

Não ando mais sozinho, estás na minha marcha...

Maria, minha prece tem tua mediação, tem o perfume de tua alegria...

Vou te visitar no seio da Santíssima Trindade, vou habitar teu coração na eterna felicidade!

Texto de Pe. Antonio S. Bogaz

Prece pelas mães

(Dia das mães – Faixa 12)

Fundo Musical: Caminhos interiores – Faixa 2 (BRCMP0800124), do CD *Caminhos Interiores* – Antonio Durán.

(Sugestão: Voz feminina)

Obrigada, ó Deus, pela mãe que me deste!

Sua presença serena inspira-me confiança; seu serviço constante ensina-me a amar; sua vivência simples desperta-me para a fé; seu olhar profundo inspira-me bondade; sua ternura leva-me a acolher; seu semblante tranqüilo fala-me do teu rosto materno, ó meu Deus!

Neste dia a ela dedicado, o Universo inteiro canta, Senhor, as maravilhas que operaste nesta criatura tão bonita: obra-prima de tuas mãos.

Acompanha, Senhor, minha mãe, nas alegrias e nas lágrimas, nos trabalhos e nas preocupações.

E quando suas forças diminuírem e a idade avançar, que eu redobre a minha ternura para com ela, a fim de que a solidão não possa alcançá-la. Abençoa, ó Deus, minha mãe!

Abençoa, também, todas as mães!

Texto de Celina H. Weschenfelder, fsp.

Só para mulheres fenomenais

(Dia das Mulheres – Faixa 13)

Fundo Musical: Amor que não cansa de amar – Faixa 2 (BRCMP0800125), do CD *Marquinho & Gilbert interpretam Fabio de Melo.*

(Sugestão: Voz masculina)

Tem sempre presente que a pele se enruga,
o cabelo embranquece, os dias se convertem em anos...
Mas o que é mais importante não muda.
A tua força e convicção não têm idade.
O teu espírito é como qualquer teia de aranha.
Atrás de cada linha de chegada, há uma de partida.
Atrás de cada conquista, vem um novo desafio.
Enquanto estiveres viva, sente-te viva.
Se sentes saudades do que fazias, volta a fazê-lo.
Não vivas de fotografia amarelecida...
Continua quando todos esperam que desistas.
Não deixes que enferruje o ferro que existe em ti.
Faze com que em vez de pena, tenham respeito por ti.
Quando não conseguires correr atrás dos anos, trota.
Quando não conseguires trotar, caminha.
Quando não conseguires caminhar, usa uma bengala.
Mas nunca te detenhas!!!

Texto de Madre Teresa de Calcutá

Pão da vida

(Horário Livre – Faixa 14)

Fundo Musical: Panis Angelicus – Faixa 5 (BRCMP0800126), do CD *Melodias para Orar* – Maestro Luiz A. Karam.

(Sugestão: Voz feminina)

Tu és, meu Deus, o pão da vida, que sacias todos os corpos cansados e fortaleces os seres maltratados!

Fortifica, Senhor, nossos irmãos de caminhada!

Tu és, meu Deus, o pão do caminho, alegras todos os espíritos em agonia e animas os peregrinos sem alegria!

Ilumina, Senhor, nossos olhares de confiança!

Tu és, meu Deus, o pão dos céus, que iluminas todos os espíritos obscurecidos e acalentas os caminhantes desenganados!

Fomenta nossos projetos de santidade!

Tu és, meu Deus, o pão da eternidade, que unificas todas as raças separadas e congregas as multidões desvirtuadas.

Revigora, Senhor, nossos laços de amizade!

Tu és, meu Deus, o pão da unidade, que irmanas todas as nações universais e integras os povos fraternais.

Desperta, Senhor, nossos corações de ternura!

Texto de Pe. Antonio S. Bogaz

Creio

(Horário Livre – Faixa 15)

Fundo Musical: Estou à porta e peço entrada (Fabio de Melo) – Faixa 1 (BRCMP0800127), do CD *Marquinho & Gilbert interpretam Fabio de Melo*.

(Sugestão: Voz masculina)

Creio num Deus feito homem,
feito de dores e sonhos também.
Creio na sua mensagem, na certeza da paz,
na coragem do bem.
Creio num Deus-esperança,
que foi pequenino, criança também.
Que, como um pobre menino,
nasceu pequenino na gruta de Belém.
Creio em meu Deus salvador,
creio que sou renascido do amor.
Creio num Deus que se parte e
se reparte em forma de pão.
Que se faz nosso alimento,
que assume o homem e o faz irmão.
Creio no sangue sofrido,
jorrado, doído, que o amor derramou.
Creio que sou renascido de um Deus
que é Pai de infinito amor.
Creio em meu Deus Salvador,
creio que sou renascido do amor.

Texto de Nairzinha

A ti, meu Pai!

(Dia dos Pais – Faixa 16)

Fundo Musical: Gratidão – Faixa 8 (BRCMP0800128), do CD *Marquinho & Gilbert interpretam Walmir Alencar.*

(Sugestão: Voz feminina)

Pai, neste momento, quero abrir meu coração, retomar as lembranças que vivem em mim para te dizer: muito obrigada pela vida que me deste!

Em um arroubo de amor filial, vou te revelar um segredo que há tantos anos guardo no meu coração: pai, eu te amo, és tudo para mim, és uma pessoa especial, terna e sensível, és pai que sabe fazer a diferença. Porque és presença de todas as horas, peregrino de todas as caminhadas, estás sempre atento para mostrar-me o caminho certo a seguir, a vida honesta a trilhar.

Pai, passando a limpo a minha vida, mil recordações me afloram à mente, como se o tempo não tivesse passado. Parece-me ouvir novamente o tic-tac do velho relógio da sala, eternizando as horas alegres e felizes, reminiscências do passado que vivi. Passado que se torna presente, porque foi nele que minha vida se alicerçou.

Pai, como naqueles dias, eu te vejo; partindo e chegando, andando e parando, escrevendo com as tintas do amor e da coragem a tua história de lutas e de conquistas.

Vejo-te agora chegar cansado da lida, buscando novas forças para tomar-me nos braços, me abraçar e afagar meus cabelos, e até levar-me à padaria mais próxima para oferecer-me um doce, um refrigerante. Ah! Pai, quanto me sinto segura e como gostaria que tantos filhos, no hoje da vida, tivessem um pai legal, como você, que fosse a um tempo amigo, companheiro e confidente.

Feliz "Dia dos Pais" a todos os pais!

Texto de Maria Nogueira, fsp.

Cantiga à vida

(Horário Livre – Faixa 17)

Fundo Musical: Utopia (Zé Vicente) – Faixa 1 (BRCMP0800129), do CD *Luzes no caminho*.

(Sugestão: Voz masculina)

Desperte a vida, desperte-se para a vida. Vida, esperança bonita, brotinho que nasce no chão! Nasce-se a cada dia, como se a vida fosse um caminho a desbravar.

Desembrulhe as alegrias dos sonhos de viver, como um pacote de presente a se oferecer! Contemple os encantos de todo canto, de cada estação... Enlace os amigos como se fossem prisioneiros do coração.

Vive-se cada tempo como uma doce ventura, confrontando os temores, revelando a ternura.

Não deixe que o temporal perpetue sua história em desventuras, transforme em alegria toda tristeza das amarguras.

Você é o artesão de sua existência!

Jogue na ventania as mágoas! Os desamores e a agonia tombem na sarjeta do esquecimento! Dispersem qual folhas de outono os sonhos tristonhos. Seja a vida um florescer de pétalas mais belas, coloridas com as cores da primavera.

Sejam, seus anos, um rosário de felicidade.

Nunca esqueça que a vida é um barco navegador dos mares do mundo.

Vença as ondas dos ressentimentos, e ancore no porto dos bons sentimentos. Cada pedrinha é um mistério de amor silencioso.

Conquiste o futuro, no presente, com as memórias do passado. Cultive o tempo, que se faz eterno, na soma dos instantes, um sonho de eternidade!

Texto de Pe. Antonio S. Bogaz

Na doença

(Horário livre – Faixa 18)

Fundo Musical: Estou à porta e peço entrada (Fabio de Melo) – Faixa 1 (BRCMP0800130), do CD *Marquinho & Gilbert interpretam Fabio de Melo.*

(Sugestão: Voz feminina)

Senhor, faze com que eu te reconheça como meu Pai e meu Deus em qualquer situação em que eu venha a me encontrar.

Tu me deste a saúde para servir a ti, mas muitas vezes eu a usei de modo profano!

Faze com que agora, na doença, eu tenha paciência!

Faze com que eu deseje saúde e vida somente para usá-la por ti, contigo e em ti!

Não te peço nem saúde, nem doença, nem vida, nem morte. Mas que tu disponhas de minha saúde, de minha doença, de minha vida e de minha morte, para a tua glória, para a minha salvação e a de meus irmãos e irmãs, para o bem da Igreja.

Faze, portanto, Senhor, que eu me ajuste à tua vontade e que, na minha doença, eu te glorifique com o meu sofrimento.

Texto de Blaise Pascal

Obrigado, Senhor!

(Horário livre – Faixa 19)

Fundo Musical: Suave cantiga – Faixa 6 (BRCMP0800131), do CD *Peregrinações* – Antonio Durán.

(Sugestão: Voz masculina)

Obrigado, Senhor, pela tua presença em nossas vidas, pelo teu amor que nos renova, pela tua luz que ilumina nossos caminhos, pela sabedoria com que conduzes nossos passos, pela tua força que vem da nossa fé.

Obrigado, Senhor, pelo trabalho que realizamos, pela verdade e pela paz que semeamos, pelos frutos que colhemos, pelos obstáculos que vencemos, pelas pessoas que acolhemos.

Obrigado, Senhor, pelo perdão que oferecemos, pelas vítimas que socorremos, pelos doentes que visitamos, pelas lágrimas que enxugamos, pelos desamparados que ajudamos, pelo pão que partilhamos.

Obrigado, Senhor, pela esperança que deixamos nas famílias que visitamos, pelas amizades que fizemos, pelas vidas que partilhamos, no amor de Deus, servido aos irmãos. Amém!

Texto de Maria Nogueira, fsp.

Prece pelos namorados

(Dia dos Namorados – Faixa 20)

Fundo Musical: O anjo que me acompanha – Faixa 2 (BRCMP0800132), do CD *Na presença dos anjos 3* – Antonio Durán.

(Sugestão: Voz feminina)

Mestre! Abençoa todos os namorados que de mãos dadas buscam a felicidade, vivenciando, a cada encontro, a magia e a chama do amor em seus corações!

Faze com que eles se descubram, se compreendam e que formem, com ternura e encanto, carinho e esperança, uma eterna aliança! Ilumina-os para que sejam unidos e perseverantes nos sonhos que desejam realizar juntos, e que aprendam a se amar em constante sintonia!

Permite, Senhor, que, no destino de todos os casais enamorados, o amor seja uma inesgotável energia, a razão incondicional para vencerem todos os desafios, o motivo maior para celebrarem vitórias, sem jamais deixar de namorar por toda a vida. Amém.

Texto de Luizinho Bastos

Oração do anoitecer

(Noite – Faixa 21)

Fundo Musical: Canção Religiosa – Faixa 14 (BRCMP0800133), do CD *16 Melodias: Instrumental* – Pe. Zezinho, scj.

(Sugestão: Voz masculina)

Senhor e Pai, neste anoitecer, mais uma noite a nos dar plenitude ao dia, ensina-nos a sabedoria de amar, esta linda sabedoria do amor que conjuga comunhão e desapego, presença e distância, toque e estar longe!

Ensina-nos a experiência de amor de teu Filho Jesus, Deus e Homem perfeito, ele tão presente e tão distante, tão céu e tão terra, tão conosco e tão Outro!

Senhor e Pai, ilumina nossa noite com o jato de luz de teu Espírito. Ele é sobretudo aragem, brisa, luz, sangue e sabedoria.

Ilumina nossa noite com tua luz, aquela que transformou a noite do Getsêmani em noite de ressurreição. Aquela que transformou a noite de Natal em luz das nações e dos povos!

Faze-nos, Pai, vencer as lamentações, e ajuda-nos a termos a sobriedade despojada do fósforo e da vela que, na noite, são luz como o sol. Amém!

Texto de Nereu de Castro Teixeira

Oração da manhã

(Manhã – Faixa 22)

Fundo Musical: O riacho é como a gente – Faixa 3 (BRCMP0800134), do CD *16 Melodias: Instrumental* – Pe. Zezinho, scj.

(Sugestão: Voz feminina)

Bom dia, Senhor, Deus e Pai!

A ti, a nossa gratidão pela vida que desperta, pelo calor que cria vida, pela luz que abre nossos olhos!

Nós te agradecemos por tudo o que forma nossa vida, pela terra, pela água, pelo ar, pelas pessoas. Inspira-nos com teu Espírito Santo os pensamentos que vamos alimentar, as palavras que vamos dizer, os gestos que vamos dirigir, a comunicação que vamos realizar.

Abençoa as pessoas que encontrarmos no dia de hoje, os alimentos que vamos ingerir.

Abençoa os passos que vamos dar, o trabalho que devemos fazer.

Abençoa, Senhor, as decisões que vamos tomar, a esperança que vamos promover, a paz que vamos semear, a fé que vamos viver, o amor que vamos partilhar.

Ajuda-nos, Senhor, a não fugir diante das dificuldades, mas a abraçar com amor as pequenas cruzes desse dia.

Queremos estar contigo, Senhor, no início, durante e no fim deste dia. Amém.

Texto de Patrícia Silva, fsp.

Contemplar o universo

(Horário Livre – Faixa 23)

Fundo Musical: Utopia (Zé Vicente) – Faixa 1 (BRCMP0800135), do CD *Luzes no caminho*.

(Sugestão: Voz masculina)

A cada momento descubro novos motivos para me extasiar diante do que vejo.

Em cada flor, em cada fonte, em cada pássaro vejo a mão do Criador.

A beleza do universo é um convite para descobrir o mistério e a profundidade da vida, dos acontecimentos e das situações pessoais.

No meu dia-a-dia encontro algumas pessoas sorrindo, alegres, felizes. Mas também encontro outras preocupadas, cabisbaixas, tristes!...

Fico pensando: apesar dos sofrimentos inerentes à condição humana, persiste em nós o desejo de harmonia interior com o cosmo e com as pessoas.

E persiste a capacidade de acolher a natureza, a vida, os acontecimentos e o outro dentro de nós.

De fato, acolhendo as pessoas pelas quais eu passo, algo de bom nasce dentro de mim...

É a ternura do Criador que se manifesta através do meu ser, e leva o acolhimento às pessoas que precisam dele.

Texto de Maria Ida Cappellari, fsp.

Aos jovens

(Horário livre – Faixa 24)

Fundo Musical: Vinde Espírito Santo (Walmir Alencar) – Faixa 1 (BRCMP0800136), do CD *Marquinho & Gilbert interpretam Vida Reluz*.

(Sugestão: Voz feminina)

A juventude é o amanhã da vida. Não é um capítulo separado do restante da existência nem é o prefácio de um livro.

É a premissa de tudo. É a semente de onde brota tudo. É o alicerce sobre o qual deve apoiar-se o grande edifício da vida.

São vocês mesmos, jovens, que estão preparando suas vidas para o amanhã.

Se à meia-noite, vocês olharem o nascente, porque de lá virá a luz..., se ficarem olhando por muito tempo, poderão até pensar que é inútil!... Mas se continuarem insistindo, e olharem uma segunda, e uma terceira vez, vocês irão avistar um raio de luz na alvorada. E todo o panorama que o circunda se iluminará.

Duas coisas foram necessárias: a perseverança em olhar, e a existência da luz.

Para todas as coisas grandes são exigidas lutas penosas e um preço muito alto.

A única derrota da vida é a fuga diante das dificuldades.

A pessoa que morre lutando é uma vencedora.

Texto do Bem-aventurado Pe. Tiago Alberione

Ao professor, com carinho!

(Dia do professor – Faixa 25)

Fundo Musical: O anjo da Providência – Faixa 2 (BRCMP0800137), do CD *Na presença dos anjos 2* – Antonio Durán.

(Sugestão: Voz masculina)

Mestre é aquele que caminha com o tempo, propondo paz, fazendo comunhão, despertando sabedoria.

Mestre é aquele que estende a mão, inicia o diálogo e encaminha para a aventura da vida.

Não é o que ensina fórmulas, regras, raciocínios, mas o que questiona e desperta para a realidade.

Não é aquele que dá de seu saber, mas aquele que faz germinar o saber do discípulo.

Mestre é você, meu professor, amigo que me compreende, me estimula, me comunica e me enriquece com sua presença, seu saber e sua ternura.

Eu serei sempre um discípulo seu na escola da vida.

Obrigado, professor!

Que em nossa família reine a confiança, a fidelidade, o respeito mútuo, e que o amor nos una cada vez mais.

Permaneça em nossa família, Senhor, e abençoe nosso lar hoje e sempre. Amém.

Texto de Natália Maccari, fsp.

Rezar é pensar em Deus, amando-o!

(Horário livre – Faixa 26)

Fundo Musical: O anjo da força de Deus – Faixa 5 (BRCMP0800138), do CD *Na presença dos anjos 2* – Antonio Durán.

(Sugestão: Voz feminina)

Senhor, fala ao meu coração!

Vem com tua ternura, com a gentileza dos teus gestos, que não impõem nada às minhas indecisões! Com a atenção aos detalhes, como sabes fazer!

Com a divertida ironia com que me levas na flauta!

Com a decisão de quem sabe dos seus interesses, mas conhece meu coração e perdoa.

Chegas silencioso porque nunca te percebo; revolucionário, porque, em silêncio, mudas as cartas e viras o jogo na mesa.

Vem me fazer companhia para que, juntos, consigamos amar esse nosso Pai, com todo o coração, com todo o intelecto, com toda a vontade!

Rezar é pensar em Deus, amando-o!

Texto de Charles de Foucauld

Aniversário

(Aniversário – Faixa 27)

Fundo Musical: A paz que eu sempre quis (Walmir Alencar) – Faixa 2 (BRCMP0800139), do CD *Marquinhos & Gilbert interpretam Vida Reluz.*

(Sugestão: Voz masculina)

Festeja com emoção tua bela idade, sem medir o tempo para realizar futuros sonhos, sem limitar o espaço para escrever novos capítulos!

Exalta a coragem de sempre persistir, e brinda a vitória conquistada com méritos que te fez chorar de alegria!

Enaltece os verões invencíveis e as manhãs de calmaria que superaram invernos sombrios e tempestades necessárias para o teu amadurecimento.

Respira fundo... sorri... a festa é tua!

Comemora teu aniversário agradecendo a Deus pela graça de contemplar esta bela idade, para que tua vida seja uma constante festa com dias abençoados e felizes. Parabéns!

Texto de Luizinho Bastos

Nas contas do rosário

(Horário Livre – Faixa 28)

Fundo Musical: W. Amadeus Mozart (Andante) – Faixa 9 (BRCM0800140), do CD *Um Toque Feminino* – Norma Holtzer Rodrigues e Mariana Thaís Secondo.

(Sugestão: Voz feminina)

Nas contas do rosário, trazendo à memória o rosto de meus amigos, rezei serenas preces a Maria, como um álbum de alegria.

Nas contas do rosário, recordando a voz de nossas catequistas, meditei contente a minha devoção, como um poema de santificação.

Nas contas do rosário, revivendo a ladainha de meus falecidos, palpitei no coração seus serenos vultos, como uma prece que eleva o culto.

Nas contas do rosário, partilhando as lutas com minha comunidade, professei meus mistérios de cristão, como um exército de evangelização.

Nas contas do rosário, recriando as promessas dos religiosos e sacerdotes, meditei no espírito a história divina, como um cortejo de vidas em oblação.

Nas contas do rosário, seguindo a partilha dos pais, recitei em vozes a oração dos cristãos, como convidados para a partilha do pão.

Nas contas do rosário, contemplei o olhar da minha mãe, fecundando os encantos da minha salvação, como a sinfonia de uma bela canção.

Texto de Pe. Antonio S. Bogaz

Em tuas mãos

(Noite – Faixa 29)

Fundo Musical: Vozes dos ventos – Faixa 4 (BRCMP0800141), do CD *Caminhos Interiores* – Antonio Durán.

(Sugestão: Voz masculina)

Bom Pai, olhando para trás, para o dia que passou, vejo que foi uma mistura de tudo.

Houve experiências de sucesso, quando finalmente tive coragem de me aproximar de certa pessoa e conversar com ela.

Houve também o apoio dos meus amigos e o conhecimento de um amor que me faz feliz.

Mas também houve aborrecimento com o trabalho, o qual não combina comigo.

Houve a crítica de meus pais, que esperam muito de mim, e nem tudo lhes posso dar.

E houve a decepção comigo mesmo, de ter feito algo que, na verdade, não queria fazer.

Aceita este dia assim como foi, com tudo de bom e de preocupante.

Entrego-te o dia, Senhor, confiando-o a ti. Agora já não vou dar importância a ele. Entrego, agradecido, aquilo que foi bom. E entrego, cheio de confiança, o que ainda me aborrece.

Coloco tudo isso em tuas mãos, para que fique guardado e para que eu possa dormir em tuas mãos.

Texto de Anselm Grün

Senhor, preciso de ti!

(Horário livre – Faixa 30)

Fundo Musical: Deus é capaz – Faixa 10 (BRCMP0800142), do CD *Marquinho & Gilbert interpretam Walmir Alencar.*

(Sugestão: Voz feminina)

Senhor! Tu me fizeste semelhante a ti, em tudo, também na comunicação. Não sei viver sozinha: preciso dos outros, preciso senti-los ao meu lado, preciso escutá-los, preciso que me escutem, preciso me comunicar!

Senhor! Preciso de ti para aprender a me relacionar, a me comunicar melhor com as pessoas, porque, muitas vezes, sem pronunciar palavras, elas me dizem que precisam de mim, da minha ternura, da minha palavra amiga, da minha presença, mesmo que seja silenciosa.

Senhor! Preciso de ti, da tua ternura infinita para perceber melhor o que queres me comunicar neste lindo universo que me rodeia. Que eu saiba ver o bem e o belo, em tudo e em todos.

Que eu saiba compreender o sofrimento, os anseios, as incoerências, as atitudes de quem vive ao meu lado. Que eu só comunique o bem, a verdade, o amor. E, para tudo isso, eu preciso de ti!

Texto de Maria Ida Cappellari, fsp.

Esperando Jesus

(Horário livre – Faixa 31)

Fundo Musical: A Paz que eu sempre quis (Walmir Alencar) – Faixa 2 (BRCMP0800143), do CD *Marquinho & Gilbert interpretam Vida Reluz*.

(Sugestão: Voz masculina)

Senhor, te esperamos novamente.

Povoa de esperança o espaço que restou dentro de nós. Repete o milagre de, embora divino, caber por inteiro em cada coração humano.

Volta para nós, dessa maneira simples de chegar. E permanece conosco, ajudando-nos a crer que ainda é tempo de sonhar com a paz.

Senta-te à nossa mesa e prova o pão do nosso suor. Caminha conosco, para entenderes o nosso cansaço.

De nossa parte, estaremos te esperando, como terra seca que procura orvalho; como noite escura que procura luz; como fonte imóvel que procura impulso.

E que possamos te descobrir em todos os presépios e casas, em todas as manjedouras e berços, em todas as marias e josés.

Texto de José Acácio Santana

Passa de mim teu cálice, Senhor!

(Horário Livre – Faixa 32)

Fundo Musical: Rafael, o Anjo Benfeitor – Faixa 1 (BRCMP0800144), do CD *Na Presença dos Anjos 4* – Antonio Durán.

(Sugestão: Voz feminina)

Passa de mim teu cálice, Senhor!

Afasta o cálice da cegueira! Não te afastes de meu olhar!...

Sem tua luz, sei que vou naufragar!

Então, me entrega o cálice da agonia dos tristes...

Passa de mim teu cálice, Senhor!

Afasta o cálice de amargura; não te afastes de meu viver!

Sem tua presença, sei que vou me perder...

Então, me entrega o cálice da dor dos irmãos!

Passa de mim teu cálice, Senhor!

Afasta o cálice da cegueira; não te descoles de meu sorrir.

Sem tua afeição, sei que não vou ressurgir.

Então, me entrega o cálice das dores dos amargurados.

Passa de mim teu cálice, Senhor!

Afasta o cálice da incredulidade; não te isoles de meu amor.

Sem tua proteção, sei que não vou elevar louvor.

Então, me entrega o cálice da descrença dos ateus!

Texto de Pe. Antonio S. Bogaz

O Senhor me fez maravilhoso!

(Horário livre – Faixa 33)

Fundo Musical: Anjo da promessa – Faixa 1 (BRCMP0800145), do CD *Na Presença dos Anjos 1* – Antonio Durán.

(Sugestão: Voz masculina)

Deus, tu me criaste.

Agradeço por ter-me feito tão maravilhoso!

Estou feliz com meu corpo e com meu espírito, que sempre tem novas idéias, e com as capacidades que me deste.

Criaste a natureza, cuja beleza posso admirar. Às vezes, não consigo parar de me maravilhar com ela.

Tu és o criador.

Tua mão me modelou e me dá forma dia após dia.

És meu pai, que me segura, me fortalece, me encoraja a arriscar viver minha própria vida.

Sei que sempre estás comigo. Mesmo quando estou longe, posso voltar-me para ti, que me aceitas em teus braços misericordiosos. Mesmo se escolho, às vezes, desvios e caminhos errados, estás sempre de braços abertos para me abrigar.

Agradeço-te, ó criador da minha vida e meu pai, porque me modelaste.

Posso rezar com a Bíblia: "Eu te louvo porque me fizeste maravilhoso; são admiráveis as tuas obras; tu me conheces por inteiro" (Sl 139,14).

Texto de Anselm Grün

Mãe Terra

(Horário livre – Faixa 34)

Fundo Musical: Vinde Espírito Santo (Walmir Alencar) – Faixa 1 (BRCMP0800146), do CD *Marquinho & Gilbert interpretam Vida Reluz*.

(Sugestão: Voz feminina)

Mãe terra, abre o teu seio sagrado para acolher, no agora da criação, e no chão que preparaste, a semente que contém o germe da vida.

Semente que, colocada nas tuas entranhas, no silêncio, no escondimento, na escuridão, vai morrer para viver o milagre da multiplicação em muitos grãos.

Grãos que vão se transformar em alimento para saciar a fome e sustentar a vida.

É na fecundidade de teu seio de mãe, que germina e cresce no universo toda riqueza variegada das árvores, toda magia das plantas, das ervas, dos bosques, das florestas que embelezam a superfície do planeta. É de tua força revitalizadora que tiras da essência vegetal o remédio para curar tantos males.

Mãe terra, que em ti cresçam flores coloridas nas campinas ondulantes, salpicadas com gotas de orvalho; que, no alvorecer de cada manhã, brilhem ao sol, como cristais, refletindo o prisma da criação, explosão de cores e de luzes cambiantes.

Mãe terra, chão sagrado, berço fecundo, que embalas e acaricias os sonhos, acolhe no teu regaço todos os que te respeitam e amam, abençoando-os com frutos abundantes de tua fecundidade!

Texto de Maria Nogueira, fsp.

Prece confiante

(Horário Livre – Faixa 35)

Fundo Musical: Johann Sebastian Bach (Arioso) – Faixa 8 (BRCM0800147), do CD *Um Toque Feminino 2*.

(Sugestão: Voz masculina)

Abre, Senhor, os meus olhos, eu quero ver.

Abre meu coração para sentir a dor de meus irmãos.

Ilumina meu espírito de temor para encontrar o caminho do amor.

Faz-me ver, Senhor, a luz do Espírito na escuridão.

Que eu perceba as trilhas do bem nas encruzilhadas do mal.

Faz-me ver, Senhor, a beleza das flores nos campos!

Que eu perceba a harmonia do arco-íris nas controvérsias das desordens!

Faz-me ver, Senhor, a simpatia dos irmãos nas cidades.

Que eu perceba a convivência da fraternidade nos conflitos das guerras.

Faz-me ver, Senhor, a graça divina na história.

Que eu perceba os traços do paraíso na decomposição do mundo.

Faz-me ver-te, Senhor, ver a ti em todas as maravilhas!

Bem sei que tu me vês em todas as tuas maravilhas em mim.

Vê-me, Senhor, em mim em todo instante!

Que a todo instante eu veja a ti!

Vem, Senhor, a mim, em todo canto, e que em todo recanto eu me encante de ti!

Texto de Pe. Antonio S. Bogaz

Elegia das mães

(Horário Livre – Faixa 36)

Fundo Musical: W. A. Mozart (Temas da sonata para piano em Dó Maior) – Faixa 6 (BRCMP0800148), do CD *Um Toque Feminino 2*.

(Sugestão: Voz feminina)

Dizem as crianças simples, com grande fascinação, que as mães são flores graciosas, como a criação mais linda de Deus, como flores generosas, florescidas no coração.

Dizem os jovens alegres, com grande amabilidade, que as mães são almas luminosas, como a coroa mais formosa, como pérolas preciosas, reluzentes de sensibilidade.

Dizem os esposos, agradecidos, com grande consciência, que as mães são companheiras bondosas, como presente preferido de Deus, como amigas graciosas, dignificando nossa existência.

Dizem os amigos fiéis, com grande serenidade, que as mães são vidas vitoriosas, que, com a altivez de rainha, embalando o berço do mundo, embalam a humanidade.

Dizem os filhos amorosos, com grande expressão, que as mães são mulheres ardorosas, com a beleza das flores, abraçando a vida que despertam, acolhendo-as no coração.

Dizem os anjos celestiais, com grande elevação, que as mães são protetoras carinhosas, como mantos do paraíso, que fecundam nossa felicidade.

Mães são vidas simples e valiosas! Simples como os filhos, valiosas como os pães!

A raiz da vida são nossas mães!

Texto de Pe. Antonio S. Bogaz

Neste Natal

(Natal – Faixa 37)

Fundo Musical: Noite Feliz – Faixa 4 (BRCMP0800149), do CD *Os Sinos Cantam* – Antonio Durán e Antonio Carlos Neves Pinto.

(Sugestão: Voz masculina)

Amigo, neste Natal e em todos os dias do Ano Novo, que Cristo esteja sempre contigo.

Bendita é a tua caminhada, pois tu andas para ajudar os necessitados.

Bem-vindas são as tuas palavras, porque fortalecem e animam os mais fracos.

Feliz é o teu futuro, porque no teu presente te alegras em ajudar a quem precisa.

Bendita é a tua inteligência, porque a utilizas para o teu bem e o das outras pessoas.

Abençoado é o teu silêncio, pois por meio dele tu te doas em atenção e afeto a quem precisa ser ouvido.

Grandiosa é a tua prece, porque, sendo justa e digna, é logo atendida pelo Senhor. Benditos os teus sentimentos, porque conservam a fé e a certeza em nosso Deus.

Felizes os teus pensamentos que se edificam e se preservam na espiritualidade.

Urgentes são as tuas atitudes, porque delas dependem os que necessitam de ti.

Seguros são todos os teus passos. O Senhor os acompanha com seu olhar. Sagrada seja toda a tua vida.

Feliz Natal e um Ano Novo de muita paz e harmonia!

Texto de Salviano de Campos

Acontece o Natal

(Natal – Faixa 38)

Fundo Musical: Desceste das estrelas (S. A. de Ligorio) – Faixa 6 (BRCMP0800150), do CD *Harpa de Natal*.

(Sugestão: Voz feminina)

O Natal acontece cada vez que nasce, no coração do mundo, a alegria de sentir que Deus nos amou tanto que enviou o seu próprio Filho Jesus.

É Deus que vem até nós, na fragilidade de uma criança, com as vestes do nosso ser humano, para realizar o encontro do finito com o infinito, da pobreza da humanidade com a riqueza de Deus.

Vem para dizer que é tempo de acolher o Pequenino, de semear esperanças no coração do universo todo, tão carente de paz e tão necessitado de amor.

Vem para ensinar a matemática do nosso cotidiano. Que é somar esforços para construir uma terra de irmãos; diminuir as distâncias entre povos e nações e reduzir as diferenças sociais. É multiplicar oportunidades de vida melhor para todos. É dividir, para partilhar o pão que sacia a fome, que alimenta a verdade e fortalece a jornada do peregrino que busca justiça.

Natal, enfim, é vida que nasce. É amor que renasce. Porque Deus vem se fazer um de nós.

Feliz Natal e um Ano Novo repleto de realizações!

Texto de Maria Nogueira, fsp.

Natal, festa da alegria

(Natal – Faixa 39)

Fundo Musical: Pout-Pourri, Nasceu Jesus – Faixa 1 (BRCMP0800151), do CD *Clássicos Natalinos: Orquestrado* – DR.

(Sugestão: Voz masculina)

Natal, festa da alegria porque reconhecemos o que Deus fez por nós em seu Filho Jesus, porque Deus nos deu de presente e, gratuitamente, o seu Filho Unigênito.

Festa da alegria porque o céu se une à terra numa admirável troca de bondade, misericórdia, paz, busca e transformação.

Festa da alegria porque compartilhamos, com as pessoas que amamos, os mais sinceros votos de paz.

Ah! Como seria bom poder ter essa festa todos os dias de nossa vida!...

Vamos cantar "Noite Feliz" e guardar em nossos corações, por todo o ano, o que Deus quer para a nossa vida!

Natal, festa da alegria, festa em nosso coração!

Que o Deus Menino possa reinar em seu, lar e você celebrar em sua vida, em cada segundo, o amor vivo e eterno do Pai!

Feliz Natal!

Texto de Raquel Novaes

Oração de Ano Novo

(Ano Novo – Faixa 40)

Fundo Musical: L. Von Beethoven (4º movimento, 9ª sinfonia) – Faixa 3 (BRCMP0800152), do CD *Os Sinos Cantam* – Antonio Durán e Antonio Carlos Neves Pinto.

(Sugestão: Voz feminina)

Senhor Deus, dono do tempo e da eternidade, teu é o hoje e o amanhã, o passado e o futuro.

Ao iniciar mais um ano para minha vida, diante de teu calendário que ainda não comecei, te apresento estes dias, que somente tu sabes se chegarei a vivê-los.

Hoje, te peço para mim e para todos os meus parentes e amigos, a paz e a alegria, a fortaleza e a prudência, a lucidez e a sabedoria.

Quero viver cada dia com otimismo e bondade, levando por toda parte um coração cheio de compreensão e paz.

Que meu espírito seja repleto somente de bênçãos, para que as derrame por onde eu passar.

Enche-me de bondade e alegria, para que todas as pessoas que encontrar no meu caminho possam descobrir em mim um pouquinho de ti.

Dá-me um ano feliz, e ensina-me a repartir felicidade. Amém!

Texto de Regina Tagliari, fsp.

CRÉDITOS DOS TEXTOS

"A ti, meu pai!", de Maria Nogueira, fsp.

"Acenda uma luz, com Maria!", de Pe. Antonio S. Bogaz.

"Acontece o Natal", de Maria Nogueira, fsp.

"Alegria para todos os que estão tristes", de Anselm Grün, do livro *Em sintonia com Jesus*, Paulinas, 2008.

"Amar é difícil", de Pe. Zezinho, scj, do livro *O amor é humilde*, Paulinas, 2007.

"Aniversário", de Luizinho Bastos.

"Ao Professor, com carinho!", de Natália Maccari.

"Aos Jovens", do Bem-aventurado Pe. Tiago Alberione.

"Cantiga à vida", de Pe. Antonio S. Bogaz.

"Contemplar o Universo", de Maria Ida Cappellari, fsp.

"Creio", de Nairzinha.

"Elegia das mães", de Pe. Antonio S. Bogaz.

"Em tuas mãos", de Anselm Grün, do livro *Em sintonia com Jesus*, Paulinas, 2008.

"Esperando Jesus", de José Acácio Santana.

"Mãe Terra", de Maria Nogueira, fsp.

"Maria, Mãe", de Patrícia Silva, fsp.

"Morte de Deus, dor no mundo", de Pe. Antonio S. Bogaz.

"Na doença", de Blaise Pascal.

"Nas contas do Rosário", de Pe. Antonio S. Bogaz.

"Natal, festa da alegria", de Raquel Novaes.

"Neste Natal", de Salviano de Campos.

"O Senhor me fez maravilhoso!", de Anselm Grün, do livro *Em sintonia com Jesus*, Paulinas, 2008.

"Obrigado, Senhor!", de Maria Nogueira, fsp.

"Oração a Nossa Senhora", de João Paulo II, do livro *Mensagens para o ano todo*, Paulinas, 2000.

"Oração da manhã", de Patrícia Silva, fsp.

"Oração de Ano Novo", de Regina Tagliari, fsp.

"Oração do anoitecer", de Nereu de Castro Teixeira, do livro *E agora amigo?*, Paulinas, 1998.

"Oração pelos filhos", de Giuliana Martirani, do livro *A dança da paz*, Paulinas, 2007.

"Pão da vida", de Pe. Antonio S. Bogaz.

"Passa de mim teu cálice, Senhor!", de Pe. Antonio S. Bogaz.

"Prece ao pé da lareira", de Pe. Zezinho, scj, do livro *O amor é humilde*, Paulinas, 2007.

"Prece confiante", de Pe. Antonio S. Bogaz.

"Prece pelas mães", de Celina H. Weschenfelder, fsp.

"Prece pelos namorados", de Luizinho Bastos.

"Renascer das cinzas", de Pe. Antonio S. Bogaz.

"Rezar é pensar em Deus, amando-o!", texto de Charles de Foucauld, do livro *Mensagens para o ano todo* – Vol. 2, Paulinas, 2002.

"Senhor, derrama a tua bênção", de Nereu de Castro Teixeira, do livro *E agora amigo?*, Paulinas, 1998.

"Senhor, preciso de ti!", de Maria Ida Cappellari, fsp.

"Só para mulheres fenomenais", de Madre Teresa de Calcutá.

"Vem me visitar, Maria!", de Pe. Antonio S. Bogaz.

CDs de Paulinas/COMEP utilizados nas mensagens

Código	Título	Autor
6772-5	16 Melodias: Instrumental	Pe. Zezinho, scj
6620-6	18 Melodias	Pe. Zezinho, scj
11806-0	Caminhos Interiores	Antonio Durán
6498-0	Clássicos Natalinos	VV.AA.
6624-9	Harpa de Natal	VV.AA.
12385-4	Luzes no Caminho	VV.AA.
11922-9	Marquinho & Gilbert interpretam Fábio de Melo	Marquinho & Gilbert
11857-5	Marquinho & Gilbert interpretam Vida Reluz	Marquinho & Gilbert
11981-4	Marquinho & Gilbert interpretam Walmir Alencar	Marquinho & Gilbert
11983-0	Melodias para Orar	Maestro Luiz A. Karam

11924-5	Os Sinos Cantam	Antonio Durán e Antonio Carlos N. Pinto
12288-2	*Na Presença dos Anjos 1*	Antonio Durán
12290-4	*Na Presença dos Anjos 2*	Antonio Durán
11576-2	*Na Presença dos Anjos 3*	Antonio Durán
11577-2	*Na Presença dos Anjos 4*	Antonio Duran
11805-2	*Peregrinações*	Antonio Durán
11869-9	*Um Toque Feminino*	Norma H. Rodrigues e Mariana Secondo
11933-4	*Um Toque Feminino 2*	VV.AA.

Pedidos pelo Telemarketing e SAC: 0800 701 00 81
e-mail: marketing@paulinas.com.br
ou na Rede Paulinas de Livrarias

Impresso na gráfica da
Pia Sociedade Filhas de São Paulo
Via Raposo Tavares, km 19,145
05577-300 - São Paulo, SP - Brasil - 2008